A Inès.

La poésie est parfois un autre langage qui donne accès à l'interprétation du monde. Parfois, oui, elle ouvre le cœur des hommes. Parfois.

© 2015 - Frédéric Lienard
Edition: BoD - Books on Demand
12/14 rond-point des Champs Elysées, 75008 Paris
Imprimé par Books on Demand GmbH, Norderstedt, Allemagne
ISBN : 9782322040445
Dépôt légal: septembre 2015

Esquisse d'un éternel insatisfait

J'ai de l'argent, j'ai du pouvoir

J'ai un grand château en albâtre

Une mezzanine en poutres noires

Des vases de Chine qui veulent me battre

Mais l'ennui ronge

Jusqu'à mes songes

Mais l'ennui ronge

Une éponge, une oronge

Chaque fin de semaine les amis

Viennent en guise de remède

De beaux compliments bien choisis

Lancés à l'esprit d'un bipède

Dans une impasse, un labyrinthe

Le fil d'Ariane glisse dans ma main

Des mots rares comme térébinthe

Sont en moi et je m'y tiens

1995

Rencontre

Lorsque que j'ai soufflé la première fois

De tout mon cœur déconfit

Ce fut sur ton cou froid

Qui pour toujours est muni

D'un charme où je suis tombé

Dans les branches désaffectées

Je pris peur, je pris fin

A tout ce qu'alors je possédais

Excuse-me sir !

Mon sac multicolore à la lanière usée

Beaucoup moins que mon corps désabusé

Des caresses d'hommes pressés

Dont on exprime des billets.

Je donne et jamais je ne reçois

Autre que chose

Qu'un corps froid et borgne

Un corps froid

Un corps

Un.

2012

Teide

Mon vécu, mes habitudes, mon matériel

Sont au cœur de cette enveloppe somatique

Devrai-je dire du tissu ?

Epais et mystérieux emballage céleste

Où sont réunies mes plus belles pensées

De telles bretelles où je nage près du ciel

Naquit une réminiscence chimérique

La métempsychose est une plage où je
vécus

Rongés par les vapeurs sulfuriques, près de
toi, je reste

Seul face au vide de mes yeux émerveillés

Tu as vu Troie et Londres et Paris

Et Grenade et Puerto de la Cruz

Toujours auprès de mes flancs rubis

Toujours au près de la mousse

Que tu récoltais au gré

De la dissémination

Du pollen semé

Par un papillon

Emulsion céleste

Deux parties non miscibles

De l'eau du ciel tombe

Les livres posés sur la table, morts

La toile de tente, noire

Notre habitation, translucide

La divine enfant se cache dans notre roulotte

Il atteindra peut-être les astres

Il attend

Patiemment

La renaissance

Les rayons du soleil redonnent vie

Aux douceurs de la nature

L'homme impuissant face à elle

Juin 2014

Sous venir

Je me souviens d'une gaufre trop cuite

Je me souviens d'une vitrine fendue

Je me souviens d'un chevreuil perdu

Dans un jardin

Je me souviens d'une journée

Dis, te souviens-tu ?

Je me souviens d'un voyage vers la cime
d'un volcan

Je me souviens de la naissance d'Ulysse

Je me souviens de l'odeur de mon
premier croissant

Je me souviens de notre premier baiser

Dis, te souviens-tu ?

Je me souviens d'une veste mouillée par la pluie

Je me souviens de ronflements dans un refuge en haut du Teide

Je me souviens du sable noir brulant sous nous pieds

Je me souviens de pâtisseries couleur arc en ciel

Dis, te souviens-tu ?

Je me souviens de mes livres tués par l'humidité

Je me souviens de notre chanson composée

Je me souviens de ta robe décorée par des flamants roses

Dis, te souviens-tu ?

Je me souviens de toi posant nue pour une esquisse

Je me souviens de la première chanson que tu m'as chantée avec ta guitare

Je me souviens de notre première embrassade

Dis, te souviens-tu ?

Je me souviens d'un sandre de 82 centimètres

Je me souviens d'un orage

Je me souviens d'une mâchoire de de cheval

Dis, te souviens-tu ?

Je me souviens de l'esquimautage

Je me souviens d'un 19/20 en ancien français

Je me souviens d'une râpe à gruyère

Dis, te souviens-tu ?

Je me souviens de l'ascension d'un volcan

Je me souviens d'une randonnée nocturne

Je me souviens des piscines naturelles

Dis, te souviens-tu ?

Je me souviens de ma première communion

Je me souviens de la croix portée

Je me souviens de ma première confession

Dis, te souviens-tu ?

Je me souviens d'un camarade de classe

Je me souviens de ses origines allemandes

Je me souviens qu'il était néonazi

Dis, te souviens-tu ?

Je me souviens d'une journée de chasse
en hiver

Je me souviens du froid ressenti

Je me souviens des cabanes de paille

Dis, te souviens-tu ?

Je me souviens de commentaires
footballistiques

Je me souviens de mon ennui profond

Je me souviens de mon silence

Dis, te souviens-tu ?

Je me souviens d'un coucher de soleil

Je me souviens de la laideur humaine

Je me souviens de l'infinie bêtise
humaine

Dis, te souviens-tu ?

J'ai oublié l'odeur exquise

Et si douce de ta peau satinée

J'ai oublié la symétrie égyptienne de ton
petit nez

J'ai oublié au combien tu me manques,
liberté

27 octobre 2014

J'aime aussi la littérature japonaise.

« Aie ! coups ! »

L'Homme avance

Et d'un pas lourd

Ecrase le fragile papillon !

La pensée

Plie

Sous le poids

De l'ineptie !

La rosée est cueillie

Et gaspillé

Par l'insecte,

Le parasite trop pressé.

Une femme reste sur le carreau

De peur que son cœur ne bat plus.

L'insensé ne recule pas devant le vide, saute et commence sa besogne.

Les hommes sont tous aveugles, ils ont des yeux qu'ils n'arrivent pas à ouvrir.

L'aveugle voit mieux, il voit avec ses mains et sa sensibilité.

L'Homme crée et invente. Des armes nucléaires et des dérivés de pétrole.

Je respire le parfum naturel de l'homme fait de mensonges, de pollution et d'hydrocarbures.

2013

La ville

Avec ses tentacules, plutôt ses bras

Avec ses dangereux crocs, plutôt non

ses dents

Avec sa bave crapoteuse, plutôt non sa

salive

La ville aspire et inspire

Le poète

De surcroit

Avec son squelette, plutôt non son

architecture

Avec ses yeux, plutôt non ses

projecteurs

Avec ses serres, plutôt non ses

carrefours

La ville aspire et inspire

Le poète

De surcroit

Avec ses vaisseaux, plutôt non ses rues

Avec cette sauvagerie, plutôt ses

meurtres

Avec cette nature, plutôt non ses

plantes synthétiques

La ville aspire et inspire

Le poète

De surcroit

Avec sa physiologie, plutôt non sa

technique, sa lumière et ses piastres

Elle empêche mélancoliquement de

voir la lumière des astres.

Eloge de la montagne

Belle est fascinante, dangereuse et

puissante, elle attire les regards.

L'Homme perdu dans les nuages

Cherche son avenir.

Fortune l'a embrassé

Mais le sfumato noircit sa pensée.

Le funambule ne sait plus s'il doit avancer.

Tanzanie

O Tanza ! mon amour

Te souviens-tu du temps qui passe

Le gnou assoiffé

Une saison sèche

Tout près le pourtour

Devant toi perdu

Recule et embrasse

La proie assassinée

Un autre pêche un poisson rare

Une merveille

Une relique

Et ne laisse à la mer

Sa part.

Lance une bouteille

Dans une crique

Puis y laisse un gout amer

Photo génie

Tu figes la lumière tel un poète

Miroir, capteur où ai-je la tête ?

L'argent peint un paysage

Posé, je réfléchis devenu sage

L'âme cherche un bonheur

Derrière une nature immaculée

Et explore le sublime caché

L'astre luit avec torpeur

Le vent

La Brise bise la bouture

De La fleur

Qui montrera son cœur

Quand l'homme aura compris

Que le sens de la vie

Se trouve

Caché au fond d'un précipice

Eau vergne

O berger, troupeau est ton seul guide

On te parle de projets

Mais tu ne les connais pas

On te parle de progrès

Mais tu ne les comprends pas

On te parle de souhaits

Tu les ignores et tu restes là

Le patou dans tes pas puise le puits

Jamais la pluie ne rit sans lui

Vers les cieux

Vers l'étoile

Du berger esseulé

Vers une vie simplifiée

Vers un passage

Sans pieux, sans grillage

Il remonte les pentes du volcan

Heureux

Le nom « Auvergne »

Ne lui évoque rien

Il ne voit

Que ce que la nuit lui offre

De sublimes paysages, une oie

C'est tout ce qu'il retient.

Les trésors ne se trouvent pas dans des

coffres.

Une femme

Féminine

Elle rit telle une

Fleur qui s'ouvre le

Matin

Elle offre son miel

Les abeilles la butinent

Mais jamais elle ne

Retient son souffle divin

Homo m'a tapé

Je t'ai dit « oups !»

Tu me réponds « chut ! »

« Gling »

« Grr, Grr »

Les soucoupes volent

Et « Crac ! »

La scapula cède sous le poids

De la vie

Fable et rymes et rithme

Un alligator en plein essor

Trouve un trésor

Il boit alors

Un nabuchodonosor

De fluor et de phosphore

Son voisin le labrador carnivore

Lui déplore :

Cesse de boire dans cette amphore

et préfère au fluor

un succulent hareng-saur,

et prends garde au centaure ! ».

L'alligator abhorre le labrador

Mais triste sort

Il devient tricolore

Il oublie les métaphores,

Sagesse et honore

Eternellement la mort.

Bibliothèque

Cette vieille lézardée

Vermoulue et fânée

Et par les champignons attaqués

Et son corps empli

De nids de mouches, asticots et autres

cafards

Nous apportait

Bien plus que quiconque

Aujourd'hui

Au milieu de ses reliques

Et de son papier jauni.

Les heures passent

et arrachent des pages

mais ne freinent des hommes

le naufrage.

Désormais le « nuage »

N'est plus qu'un mirage.

Enfance

Regarde comme c'est beau !

La beauté ne m'émut plus.

Regarde cette girafe !

Je préfère les tigres, ils ont l'air plus

intelligent

Regarde ce cube, il peut se

métamorphoser !

Ce ne sont que des arrêtes.

L'adulte désabusé

face à l'enfant inventif

L'homme obscur

face à l'homme éclairé

oms sauvages

L'Homme de la forêt est perdu

Il ne veut qu'être libre

Où vivre ?

Du ciel, il n'a rien reçu.

Neptune, aide-moi !

Le funambule tombe

Après plusieurs tentatives vaines.

Sous la terre les racines

Se meuvent mais seul le mycélium

L'écoute.

Fuite

Face à la mort

Je cours, je fuis

Face à la vie

Je cours, je fuis

Face à l'immensité de l'univers

Je cours, je fuis

Face aux responsabilités

Je cours, je fuis

Pour éviter tout conflit

Je cours, je fuis

Face à la bêtise humaine

Je cours, je fuis

Face à l'égoïsme

Face à la société

Face au commerce

Je cours, je fuis

Face à l'humanisme

Je cours, je fuis

Je cours, je fuis

Face à la maladie

Je cours, je fuis

Face au réalisme

Je cours, je fuis

Face à la lucidité

Je cours, je meurs

Contractuel

Près du tableau où les striges m'attendent

Je vois la mort de la réflexion

Du papier noirci d'encre

Est l'unique missive que je recevrais

Tapis dans l'ombre de l'ignorance

Ils scrutent les scories et les coquilles

Méphistophélès rie à gorge déployée

L'ennui s'installe

Il est insupportable de se parler à soi-même

.

J'ai rêvé

J'ai rêvé cette nuit

Que nous voguions

Sur des volcans

J'ai Rêvé.

Et pourtant tu étais là

Admirant avec émotions

Le paysage

J'ai pleuré.

J'ai rêvé cette nuit

Que nous voguions

Sur des volcans

J'ai rêvé.

J'anticipais peut-être

Le retour au réel.

Cette réalité

Qui fait si mal

J'ai rêvé

J'ai rêvé

9 avril 2015

Une forêt

Pas de champignons

Premières fleurs

La nature est encore

Endormie

Quelques insectes battent des ailes

Et atteignent leur cible

Une musaraigne pointe son nez

Et pousse

Un cri strident

Même l'Homme passionné

Qui étudie sans relâche brise

Ce que sa tâche

Cherchait :

La liberté

Un fou

Je suis le désœuvré

Le fou, l'insensé

Tu es là

Je vois tes flancs

Arrondis et escarpés

Je te vois

Je pénètre dans ton gouffre

Et tu laisses des tâches

De soufre

Dans un lais

Et je flaire ton odeur

De sève de conifères mouillés

Par les pleurs des neiges éternelles.

Je goûte le breuvage

Exquis de tes flaques acides.

Edelweiss croise le sabot de Vénus.

Où est le gypaète ?

Et l'ours brun ?

Et le loup gris ?

52

Posés pour toujours

Sur un tapis de nuages.

Mai 2015

Une musique

La musique me transporte dans les cieux

Rythme des étoiles

Du soleil

De l'univers

Monde fait sur mesures

Sans bêtise

Sans idioties

Un monde sans abrutis.

Elle me transporte

Je vous dis.

Elle me transporte

Vers où ?

Vers l'inaccessible

Etoile de la Vérité.

Vers l'âge d'or

Vers le paradis

Vers la liberté

15 juin 2015

Un loup

J'ai connu un homme

C'était un loup.

Peur qu'il ne mange les autres, il les haïssait

évidemment,

On l'exécrait car il voulait être libre.

C'était un loup

Comme un agneau, doux.

Jamais il ne montrait un signe d'agressivité.

Il passa sa vie à chercher une tanière.

Loin de l'agitation de la ville

De la perversion

Aux pieds agiles.

Jamais on ne vit ses crocs

Son haleine faisandée.

Et pourtant, on le fustige !

On le bat !

Il a mal et meurt en silence.

Notes personnelles